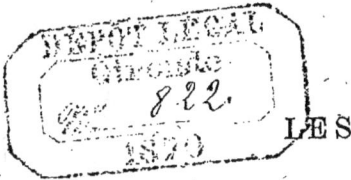

LES

INVASIONS GERMANIQUES

EN FRANCE

Leçon d'ouverture de M. COMBES, professeur d'histoire
à la Faculté des Lettres.

BORDEAUX

IMPRIMERIE G. GOUNOUILHOU

11, RUE GUIRAUDE, 11

1870

LES

INVASIONS GERMANIQUES

EN FRANCE

—— ∞∞∞ ——

Leçon d'ouverture de M. Combes, professeur d'histoire
à la Faculté des Lettres.

—— ∞∞∞ ——

Messieurs,

C'est dans des jours encore bien tristes pour la patrie
et pour nous, que j'ouvre le cours de cette année. Aussi
n'ai-je pas l'intention de vous entretenir de Louis XIV et
de Mᵐᵉ de Sévigné, d'anecdotes piquantes, racontées en
badinant dans des lettres merveilleuses. Aux époques de
bonheur et de calme conviennent de tels sujets, où l'on a
plus à se récréer qu'à s'instruire, et qui éblouissent plus
qu'ils ne font réfléchir. Quand nous en parlions, au mois
de juillet, comme de l'objet prochain d'une agréable étude,
et qu'en même temps, à propos de la Prusse, dont l'essor
rapide nous occupait, nous exprimions des craintes pour
l'avenir, nous étions loin de penser, vous et moi, que
quelques jours à peine nous séparaient de cet avenir re-
douté; que le lendemain, pour ainsi dire, de la clôture
de nos entretiens, nous verrions les invasions germaniques recommencer sur notre sol, des masses puissantes
s'abattre sur nous comme les vagues de l'Océan, nos
campagnes ravagées, nos villes détruites, les palais des
rois saccagés, les monuments des arts profanés, nos bibliothèques en proie aux flammes, les temples mêmes non
épargnés, les maisons et les habitants accablés de traits

plutôt que les remparts et les soldats, une barbarie savante appliquée aux dévastations, l'incendie ou la mort punissant la moindre résistance, nos places prises ou lâchement rendues, Paris enfin assiégé et bloqué, la tête et le cœur de la France n'animant plus le reste du corps, l'espace et son immensité employés pour sortir d'un funèbre silence, et les habitants de l'air étonnés des hôtes hardis qui le parcourent. Que dirai je? partout des fugitifs ou des défaillants, des espions ou des traîtres, l'indiscipline coupable ou les honteuses capitulations, trois cent mille Français avec le souverain, prisonniers de la même puissance, une émigration, pour ainsi dire, plutôt qu'une captivité, l'inouï dans l'histoire comme dans nos affronts; et, pour surcroît de maux, l'indifférence des alliés, les railleries des neutres, la pitié plus offensante des faux amis, tous les déboires et toutes les rages, la haine et les préventions criant plus haut que la fidélité, et la mourante patrie mal armée ou mal servie par ceux qui la dirigeaient et qui semblaient travailler à sa perte.

Non, je ne parlerai pas de Louis XIV et de sa pompeuse cour; je ne veux parler que des *invasions germaniques en France*, c'est à dire de nos inquiétudes et de nos malheurs, des dangers où l'on s'est trouvé à l'origine de la France et dans la suite des temps, de la constance de nos pères dans l'adversité, de leur ténacité dans la résistance, de leur grandeur dans l'affranchissement et le salut. Peut-être sous Louis XIV — car il eut ses mauvais jours, dont aucun mortel n'est exempt, — peut-être, et sans nous soucier alors plus que lui des fêtes de Marly ou de Versailles, aurons-nous une partie de notre sujet avec Condé et Turenne dans l'Alsace, avec Fabert et Villars dans Metz ou à Denain. L'éclat d'un règne où les splendeurs des arts n'arrêtent pas les Barbares, mais les attirent plutôt. Ils ne respectent rien. Plus on a de civilisation, plus ils ont de convoitises; plus on est brillant, plus ils sont avides. Ils passent à l'instant de l'admiration à la cupidité, de l'ébahissement à l'envie. Paris, qui les voit aujourd'hui près de ses monuments, les a vus d'autres fois, dans son histoire, pillant tout comme à présent, tuant tout, bénissant du même cœur la providence divine, et entonnant sur la butte Montmartre le plus discordant *Te Deum.*

C'est une loi dans l'humanité, — et il faut qu'elle vienne d'en-haut, car elle est universelle, — c'est une loi qu'auprès des peuples dotés d'un beau climat, d'un sol riche et fécond, d'un commerce étendu, de tout ce qui fait le charme et les jouissances de la vie, se trouvent des nations moins bien traitées, pour qui le sol est ingrat, les mers basses ou glacées, le ciel dur, et qui ne regardent pas avec indifférence l'Eden brillant de leurs voisins. Ce sont les riches et les pauvres, les heureux et les misérables dans les dépouilles du monde et les fluctuations du genre humain. A ceux qui sont contents de leur lot de le conserver par l'union et le courage, par une éducation forte et virile, plus amie des mœurs simples qui font les peuples jeunes, que du luxe qui les vieillit; car les moins fortunés, toujours rudes, toujours armés, rôdent autour des riches, comme les loups autour des fermes mal gardées, guettent l'instant de leur déclin et de leurs folies pour les attaquer et les surprendre, *circuit quærens quem devoret :* c'est d'eux surtout qu'on peut le dire.

Les habitants industrieux du Céleste-Empire, des vastes contrées du fleuve Jaune et du fleuve Bleu qui produisent le riz et le thé, ont au-dessus d'eux et touchant à la Sibérie russe le grand plateau aride de la Tartarie, d'où sortirent Gengiskan et Tamerlan, et contre lequel ils ont élevé la fameuse muraille de la Chine... Ne nous en moquons pas; il nous en faudra une peut-être pour nous-mêmes. Les Assyriens des vallées du Tigre et de l'Euphrate, où la tradition orientale plaçait le paradis terrestre et le berceau du genre humain, le peuple de Ninus et de Sémiramis, de Nabuchodonosor et d'Holopherne, qui avait Ninive et Babylone, des palais grands comme le monde, et des jardins suspendus avec des montagnes et des lacs, ce peuple puissant et somptueux avait à ses côtés le plateau mal arrosé de la Perse, où erraient, avec leurs beaux troupeaux de chèvres, des hommes simples et guerriers, et d'où descendit Kur ou Cyrus, qui surprit Balthazar dans son ivresse, et vous savez ce qui s'ensuivit. Il n'y a pas jusqu'au peuple des bords du Nil, peuple sage et retiré dans sa longue et étroite oasis, derrière ses hiéroglyphes et ses sphinx, qui n'eût ses barbares dans les enfants d'Ismaël, dans ces tribus nomades du désert, qui lui envoyèrent, à un moment donné, les Hycsos d'abord, ensuite un homme plus terrible, le calife Omar, religieux destructeur des bibliothèques et des monuments de l'Egypte, mais gardant le sol, autrement fertile que les sables de l'Arabie.

Si de l'Asie, à laquelle les anciens rattachaient l'Egypte, nous passons à l'Europe, et que nous nous arrêtions dans la Grèce, jadis si florissante, qu'y voyons-nous, non loin de ces républiques Helléniques, où le goût et la mesure dans les lettres et les arts atteignirent à la perfection; non loin de cette vallée de Tempé, chantée par leurs poètes; non loin du Parthénon, de Delphes et des statues de Corinthe? Nous voyons au Nord, dans un pays sec et montagneux, Philippe, Alexandre, Antipater, chefs civilisés, des Péoniens, des Macédoniens, des Triballes, de populations barbares, profitant, eux aussi, de la mollesse ou des discordes des peuples grecs, employant l'espionnage et la ruse, parlant d'une Confédération du Nord au Sud, d'une diète ou parlement grec à Corinthe, et, finalement, exterminant les orateurs de la liberté, poursuivant Démosthènes jusque dans l'antre obscur d'une île déserte, et l'obligeant à s'empoisonner, pour ne pas tomber vivant dans leurs cruelles mains.

Faut-il aller plus loin? Oui, je pense; car nous approchons de l'Occident, et cela nous touche davantage. Seulement, sans nous inquiéter de la succession des empires et de l'ordre des temps, n'oublions pas, puisque nous sommes encore dans l'Orient grec, la savante et subtile patrie de Justinien et des Paléologue. Là aussi, pendant le moyen-âge, des peuples moins heureux étaient à deux pas, dans les steppes de la Sarmatie, aujourd'hui la Russie, où errent les Cosaques, et qui est restée, même depuis les Turcs, — nous ne le savons que trop— l'éternel danger de Constantinople et des belles rives du Bosphore.

Arrivons enfin à notre Occident, à Rome, à l'Italie, à l'empire Romain. Est il besoin de dire où allaient combattre Drusus et Germanicus, Trajan et Marc-Aurèle; où étaient la menace et l'invasion pour toutes les races dont la politique romaine avait fait des races latines par la langue et les mœurs ? Les Barbares vivaient dans le plateau du Norique et de la Rhétie, aujourd'hui la Bivière; dans les sables et les marécages de la Vindélicie, aujourd'hui le Brandebourg et la Prusse; dans ces contrées froides et pauvres, d'où sortirent, avec des milliers d'autres, les Vandales, qui, cherchant le soleil et le Midi, s'attaquant aux monuments, où ils supposaient des trésors, et n'étant heureux que dans les ruines et le sang, coururent jusqu'au sud de l'Espagne, et ne s'arrêtèrent qu'à Carthage, sous le soleil d'Afrique, qui les fondit cette fois comme un glaçon. Ils avaient laissé des leurs vers la Baltique, pour continuer le vandalisme, et les fils, nous le voyons chaque jour, ne sont pas trop indignes de leurs pères.

Ce que la Germanie a été pour le monde romain, elle l'est encore pour l'Occident et le Midi; elle l'est pour nous, qui sommes l'avant-garde et le boulevard des races latines. Il n'est pas absolument nécessaire d'être sauvage et grossier pour avoir l'instinct des invasions et se tenir toujours prêt à forcer les barrières. Les invasions viennent du sol et du climat, de la position d'un peuple et des difficultés d'expansion. On est envahisseur par besoin; on est Barbare de naissance. La science et l'instruction peuvent venir; elles sont un secours pour la nature; elles ne la corrigent pas. On émigre, quand on ne peut envahir; et nous en savons quelque chose, puisque, pour notre malheur, nos usines et nos banques, nos comptoirs et nos places étaient remplis de ces bons Allemands. L'Allemagne et la Prusse sont le pays des émigrants. Ils partent et ne reviennent point. Que d'autres, bien pourvus chez eux, voyagent pour leur plaisir ou fassent la guerre pour la gloire; eux la font par avidité. Ils cherchent leur subsistance, comme ils le firent dans la Silésie, fertile en blé. Après les soldats, les familles; après les familles, l'occupation. La gloire n'est rien pour les Barbares; ils n'en parlent même pas ; la possession est tout.

Entendez Mᵐᵉ de Staël, qui connaissait bien l'Allema-

gne et qui lui a consacré un de ses livres les plus beaux,
entendez la vous dire, avec une mélancolie éloquente, ses
impressions, qui seraient les mêmes aujourd'hui, et par la
nature du sol déduire les instincts : « Des Alpes à la
mer, dit-elle, entre le Rhin et le Danube, vous voyez un
pays couvert de chênes et de sapins, traversé par des
fleuves d'une imposante beauté, et coupé par des montagnes dont l'effet est très pittoresque ; mais de vastes bru-
yères, des sables, des marais, un climat sévère, une mul-
titude et une étendue de forêts, indiquant une civilisation
encore nouvelle, remplissent d'abord l'âme de tristesse.
Les débris des châteaux forts, qu'on aperçoit sur le haut
des montagnes, les maisons bâties de terre, les fenêtres
étroites, les neiges qui, pendant l'hiver, couvrent des
plaines à perte de vue, causent une impression pénible.
Je ne sais quoi de silencieux dans la nature et dans les
hommes resserre le cœur. Il semble que le temps marche
là plus lentement qu'ailleurs, que la végétation s'endort,
et que les sillons réguliers du laboureur sont tracés sur
une terre pesante. En maint endroit, double aspect. La
Prusse particulièrement a deux visages : c'est le vieux Ja-
nus : l'un est militaire, l'autre philosophe ; le militaire
est le plus grand. Le pays tout entier ressemble au séjour
d'un peuple qui l'a quitté depuis longtemps, ou qui le
quitterait volontiers. Tout est gothique et féodal en Allemagne ; tout est froid et austère. Cette frontière du
Rhin, où l'on arrive, est solennelle ; on est ému, on fré-
mit en la passant, et il est bien vrai alors le mot terrible
qu'entend l'exilé : « *Vous êtes hors de France.* » (*De
l'Allemagne*, pages 15, 16, 72, 84.)

L'Allemagne est donc, pour nous, le pays à craindre.
Le masque militaire y domine. Les Jacoby de Kœnigs-
berg, les Simon de Trèves n'y sont rien, bons seulement
pour aller crayonner sur les murs d'un cachot leurs
idées humanitaires. L'Allemagne est et veut être l'éternel
foyer des invasions pour les contrées plus favorisées. Les
Germains ont renouvelé le vieux monde romain par le
baptême du sang. Ils s'attribuent toujours ce doux apos-
tolat. Quand l'espèce humaine s'étiole, les Allemands ont
mission de la régénérer ; et tenons nous pour avertis. On

croit si vite à ce que l'on désire, et l'on aime tant à avilir ceux que l'on cherche à subjuguer ! Attila, qui n'était pas un saint, et qui amena toute la Germanie à sa suite, après y avoir dressé sa lourde épée sous forme d'unité, — c'est toujours ainsi, — Attila s'intitulait le *Fléau de Dieu*. Alaric, Genséric et le Lombard Alboïn, qui ne valaient pas mieux, tous Germains à la longue lance et buvant la bière dans des crânes humains, disaient la même chose en d'autres termes ; et c'était la main de Dieu, qui le croirait ? qui les poussait contre Rome chrétienne, la Rome de saint Léon-le-Grand, comme si elle était toujours la ville impure des prétoriens et des Césars. Plusieurs y allèrent et n'osèrent y rester ; d'autres, comme les rois lombards et Attila lui-même, hésitèrent dans leur marche et n'approchèrent pas de ses murs. La peur chassa les uns, la peur retint les autres. Ainsi hésite encore, dans ce même pays, délivré des Germains par notre sang et nos armes, un *nouveau roi lombard*, qui n'est pas pour nous un modèle de reconnaissance, et qui craint peut-être qu'on ne lui dise en chemin : Arrêtez ! Rome fut donnée à la catholicité par la France conquérante. Respectez ce que la France, qui vous vaut bien, et à qui vous devez ce que vous êtes, a cru devoir faire. Rome n'est point à vous. Elle n'est plus au monde ; elle appartient à Dieu.

Et il est certain que le pape, à qui il faut une résidence indépendante, à cause des grands intérêts qu'il représente et qui ne se discutent pas, parce qu'ils tiennent à la liberté des consciences, il est certain que le pape serait plus chez lui avec le peuple romain et la république romaine, qu'il ne le sera jamais auprès d'un roi. Mais, quand l'ambition prend les rois, parents, amis, biens profanes et biens sacrés, tout s'engloutit dans ce gouffre insondable. Les nations ne sont pas plus libres, ni plus heureuses, ni plus morales, avant qu'après ; mais on a eu un grand mot : on a voulu faire l'unité d'un grand peuple, tandis qu'on n'a fait réellement que l'unité puissante d'une nouvelle et insatiable maison. Comment le droit de propriété ne serait-il pas ébranlé dans les sociétés modernes, lorsque les princes entre eux le foulent aux pieds si

souvent, et qu'on peut toujours leur appliquer ce mot sévère, et bien placé dans la bouche du poète en parlant
d'un roi prussien :

On respecte un moulin, on vole une province ?

Nous sommes plus sages que les princes, quoique les
mauvais exemples ne manquent pas, et nous avons bien
raison. Que deviendrait la société, si le plus fort faisait la
guerre au faible, pour lui ravir son bien, comme nous l'a-
vons vu de nos jours, en Danemarck, en Allemagne, en
Italie ? Nous reviendrions au temps d'Attila. Et ne
croyez pas que les Barbares de la Germanie, enrôlés sous
les drapeaux de ce Tartare, et écrasés avec lui par les
Francs, mêlés à nos pères, renonçassent à nous assaillir.
Nous les avions battus dans les plaines de Châlons, où
nous étions destinés à les revoir encore, plus de mille ans
après ! Ils reparurent sous le nom d'Alamans, le nom que
peu à peu ils devaient tous prendre, et il fallut que les Gal-
lo-Francs de Clovis se mesurassent avec eux à Tolbiac.
Nouveau carnage, mais vain succès. Ils revinrent à la
charge, sous cent noms divers, et c'est Brunehaut, — Grégoire de Tours est formel sur ce point, — qui les appela au
service de ses haines, à travers la Lorraine d'aujourd'hui,
et contribua ainsi, dans Paris, dans Soissons, dans
Reims, dans Tournay, à donner de la popularité à une
mauvaise femme et à un nom sinistre, à la fameuse reine
Frédégonde.

Chassés de nouveau, quoique péniblement, se tinrent-
ils tranquilles de l'autre côté du Rhin ? Non, certaine-
ment. Les Sarrasins ou Arabes, après la conquête de
l'Espagne, nous attaquèrent par le midi, à Toulouse, à
Bordeaux, à Poitiers, jusque sur les bords de la Loire.
L'occasion était trop belle : les Germains reprirent leurs
courses dans les provinces du Nord, conduits cette fois
par les Saxons. Il fallut trois héros : Charles Martel,
Pépin-le-Bref, Charlemagne et cent ans de batailles, pour
balayer tous ces immondes envahisseurs. L'offensive fut
terrible après la bataille de Poitiers. Du côté des Pyré-
nées, Charlemagne refoula le flot au delà de l'Ebre ; du
côté du Rhin, au delà de l'Oder ; du côté des Alpes ita-

liennes car les Barbares de la Germanie étaient représentés en Italie par les Lombards au delà du Tibre, où il rendit Rome à la catholicité. Les Carlovingiens durent la couronne de France à ce rôle libérateur, et Charlemagne en particulier lui dut sa couronne d'empereur romain, que le saint-siège releva pour lui. Les papes, du moins, ne nous payaient pas d'ingratitude, et il y a des événements qui jettent de la lumière sur les peuples, sur les rois et sur nous-mêmes.

Mais, ô malheur ! Ce sceptre impérial qu'on venait d'exhumer, les Barbares de la Germanie s'en saisirent sous les faibles enfants de Charlemagne. Il y a des races qui ne produisent qu'un homme et qu'un premier jet épuisé pour toujours. Ils s'en saisirent, et ce qui était contre eux, tout à coup se trouva pour eux ; ce qui devait les contenir, les délivra ; ce qui devait affermir leur conversion chrétienne, c'est à dire leur plus cuisante défaite, ne releva pas en Germanie la grande idole d'Irmensül, mais rendit les Allemands acharnés contre l'Italie, contre Rome, contre les papes. Ils étaient empereurs romains ; ils voulurent Rome pour capitale et les papes pour sujets. C'était, dans des proportions plus grandes, la même situation qu'aujourd'hui. Les invasions recommencèrent avec Othon, Henri IV, plusieurs Frédéric. L'Italie eut besoin de papes guerriers et énergiques, d'un Grégoire VII, d'un Alexandre, d'un Innocent III, pour se défendre des Barbares : c'est l'époque des grands papes ; d'autant plus que les Allemands, venus jusqu'en Sicile, donnaient la main aux Sarrasins, et qu'il fallait par les croisades soutenir ardemment la lutte des deux mondes, comme sous le héros carlovingien.

L'Italie étant envahie par les Germains, la France eut bientôt son tour. N'était-elle pas l'ancienne province des Gaules, du temps des Romains ? Les nouveaux Césars ne pouvaient l'oublier. Ils traversèrent la Lorraine et parurent à Montmartre, sous les derniers Carlovingiens. C'est toujours par le plateau de Saint-Denis, jusqu'à Montmartre, qu'ils ont menacé Paris. Ils revinrent sous Louis VI, le père des Communes, et les Communes aidèrent à les chasser ; ils revinrent sous Philippe-Auguste, et Bouvines leur apprit encore ce que pouvaient, sous un bon roi, les grandes Communes de France. Ils seraient revenus toujours, sans un grand coup des papes, sans l'heureuse déposition par Innocent IV, dans la ville de Lyon et sous le règne de Saint Louis, de ces empereurs à barbe rousse. Les papes avaient frappé juste. Interrègne allemand, et plus d'empereurs romains ; rivalité des petits états allemands et absence d'unité pour des invasions nouvelles ; impuissance des Barbares et rayonnement plus vif de la civilisation latine, voilà ce qui en résulta. Les papes délivrèrent l'Italie pour trois siècles, qui furent des siècles de poésie et de beaux-arts; et la France n'eut rien à craindre des Germains pendant sa guerre de Cent-Ans. L'Italie et la France étaient sauvées.

Je ne fais pas de la théocratie, je fais de l'histoire, et les événements présents ne lui donnent que trop raison. Ce n'est pas de l'Italie que nous viendra cette fois le salut. Il ne nous viendra que de nous-mêmes, et ce sera pour plus d'honneur. Les petits rois sont égoïstes; les grands rois seuls sont généreux. Voyez Louis XIV, auquel l'Europe rendait cette justice qu'il était fidèle à ses alliés heureux ou malheureux; voyez-le soutenir en Angleterre nos alliés les Stuarts, et combattre pour eux pendant dix ans. Bel exemple qu'il donnait au monde et à la postérité, malgré ses revers : car pour les nations, pour la France surtout, un grand sentiment vaut toujours plus que cent victoires ! Il eut à souffrir, lui aussi, des invasions germaniques, et il eut ses mauvais jours, comme nous l'avons dit déjà. Ces invasions auraient repris plus tôt ; mais la réforme de Luther, mais la liberté des petits Etats allemands, défendue par François Ier et Henri IV, par Richelieu et Mazarin, contre les tentatives d'unité de Charles-Quint et de Ferdinand d'Autriche, les remit à un autre temps, à celui de la guerre de Hollande, où Turenne nous sauva; à celui de la guerre de la succession d'Espagne, où le salut fut moins aisé.

Ces petits Etats allemands, Hesse, Wurtemberg, Mecklembourg, Bade, Brandebourg même, pour ne pas s'engloutir dans l'unité allemande-autrichienne, avaient mis dans nos mains les Trois-Évêchés de Lorraine et l'Alsace.

Mais alors, ne craignant plus l'Autriche grâce à nous, et comptant sur le fameux Malborough, ils se ruèrent sur nos provinces. Strasbourg, Metz, Lille, tout trembla. Quelles défaites, coup sur coup, pendant cinq ans ! Quelle pénurie d'hommes et d'argent ! Quel hiver rigoureux, quelle famine générale en 1709 ! Quel appel désolé fait aux villes et aux campagnes, aux églises et aux couvents !... L'invasion nous pressait de tous côtés. Il s'agissait, pour nous racheter, d'aller détrôner nous-mêmes les Français d'Espagne, lorsque l'union des deux pays était plus que jamais nécessaire, et a été toujours nécessaire; c'est-à-dire qu'on offrait la paix au prix de notre honte.

« J'aime mieux faire la guerre à mes ennemis qu'à
» mes enfants, répondit noblement le vieux roi. Ve-
» nez, maréchal Villars, et prenez notre dernière armée.
» Je ne vous dis pas de vaincre, je vous dis de combat-
» tre. Si vous êtes vaincu, mandez-le moi. On ne me
» verra point captif des étrangers ; mais j'irai à la fron-
» tière m'ensevelir avec vous sous les ruines de la mo-
» narchie. »

Grande résolution, dit Montesquieu, dans son livre sur les Romains, et nobles paroles ! Il pensait, ce roi ferme et vraiment français, ajoute notre écrivain, qu'à l'exemple du Sénat romain en face d'Annibal, il ne fallait traiter avec un envahisseur que lorsqu'il ne souille plus le sol de la patrie; qu'on ne doit jamais désespérer du salut de la république, et que l'audace peut bien perdre les empires, mais que la lâcheté ne les sauva jamais !

Tout ce que l'Autriche gagna à cette nouvelle irruption germanique, ce fut, en 1700, et sur la scène du monde, l'apparition du royaume de Prusse, qu'elle fut obligée d'agréer pour avoir, contre nous et contre la Castille, l'appui du Brandebourg. « Ah ! dit aussitôt le prince Eugène, la cour de Vienne aurait dû faire pendre ceux qui lui ont donné un tel conseil. » Mais la chose était sans remède. Les margraves étaient rois, rois protestants, rois puissants dans l'Allemagne du Nord, d'où sortaient le plus d'envahisseurs, et pouvant faire l'invasion pour leur compte. L'artillerie et l'armée furent dès lors leur préoccupation. « *A la bataille de Molwitz, sous Frédéric II,* nous dit Voltaire, *ils avaient déjà des fusils qui tiraient cinq coups à la minute.*

La Révolution éclata... Sans retard ils assemblèrent leurs Barbares, pendant que les Autrichiens groupaient les leurs. Tout en France les favorisait : une reine autrichienne, une noblesse privilégiée, qui fuyait en armes au milieu d'eux, un roi faible qui allait les trouver. La trahison était partout. Dumouriez lui-même passait à l'étranger. Qu'aurions-nous fait à la place de nos pères ? Disons-le avec plus de justice, quand nous avons les mêmes dangers. Qu'aurions-nous fait si, au lieu de capitulations inouïes et que nous ne pouvons trop maudire, nous avions vu ce que nous craignons tant, des Français revenir tout armés avec les Prussiens, et une voiture royale courir vers eux par des chemins cachés ? Messieurs, par nos maux et par nos suspicions qui ne sont rien à côté des réalités, comprenons les fureurs des autres, et que nos tristes temps et ce qui remue en nos âmes soient un peu l'excuse des temps passés.

Donc, la république s'établit, c'est-à-dire une nation qui avait adoré ses rois, mais qui, abusée, trahie, indignée, n'avait plus foi en personne. Et certes, pour le patriotisme, cette république valut la monarchie ; elle valut le grand roi de Montesquieu et de Voltaire. Quels hommes, tant qu'ils furent fidèles, — car il y eut encore des infidèles — quels hommes que Bonaparte, Pichegru, Moreau ! quels héros toujours purs que Marceau et Hoche ! quels lions que ces volontaires de 92 et de 93, dont la semence est retrouvée !

C'est toujours ainsi, quand une nation, réduite à elle-même, prend en main le soin de son salut. Entendez un illustre chancelier, dont je veux ici répéter les paroles, un contemporain de Montesquieu, et qui savait tout, comme lui, mais connaissait aussi les défaillances, entendez en 1715, au lendemain de la mort du roi, le chancelier d'Aguesseau :

« Dans les monarchies, dit-il en plein parlement et en
» rappelant aussi la grandeur de la république romaine,
» on dirait que l'amour de la patrie n'est qu'une plante

» étrangère, qui ne croît heureusement et ne fait goûter
» ses fruits que dans les républiques. Là, chaque citoyen
» s'accoutume de bonne heure et presque en naissant à
» regarder la fortune de l'Etat comme sa fortune particu-
» lière. Cette *égalité* parfaite (remarquez-le mot), et
» cette espèce de *fraternité* civile, qui ne fait de tous
» les citoyens que comme une seule famille, les intéres-
» se tous également aux biens et aux maux de leur pa-
» trie. Le sort d'un vaisseau dont chacun croit tenir le
» gouvernail ne saurait être indifférent. L'amour de la
» patrie devient une espèce d'amour-propre. On s'aime
» véritablement en aimant la république, et l'on parvient
» à l'aimer plus que soi-même. L'inflexible Romain im-
» mole ses enfants au salut de la république. Il en ordon-
» ne le supplice; il fait plus, il le voit... Le père est ab-
» sorbé et comme anéanti dans le consul, et la patrie
» sauvée lui rend dans chaque citoyen autant d'enfants
» pleins d'amour, qu'il en sacrifia pour la défendre. »

Telles sont les vertus qu'exalte ce grand esprit comme
étant le partage des républiques. Puissions-nous les voir
fleurir de plus en plus dans l'union de tous, au milieu des
Barbares qui nous assiégent ! Là est l'espoir de chasser
l'Attila moderne, comme on chassa l'ancien il y a qua-
torze siècles ; là, le moyen de rendre vite triomphante
notre malheureuse, mais immortelle patrie !

(Extrait de la *Gironde* des 20 et 21 décembre 1870.)

Bordeaux. — Imp. G. GOUNOUILHOU, rue Guiraude, 11.

www.ingramcontent.com/pod-product-compliance
Lightning Source LLC
Chambersburg PA
CBHW060717280326
41933CB00012B/2471